聆听及面谈技巧训练课程

（学员手册）

游达裕　著

叶少勤　编

中国社会出版社

图书在版编目（CIP）数据

聆听及面谈技巧训练课程学员手册/游达裕著；叶少勤编．—北京：中国社会出版社，2013.6

ISBN 978-7-5087-4454-4

Ⅰ.①聆…　Ⅱ.①游…　②叶…　Ⅲ.①社会工作—咨询服务—手册　Ⅳ.①C916-62

中国版本图书馆 CIP 数据核字（2013）第 119018 号

书　　名：聆听及面谈技巧训练课程（学员手册）
著　　者：游达裕
编　　者：叶少勤
责任编辑：张　杰

出版发行：中国社会出版社　邮政编码：100032
通联方法：北京市西城区二龙路甲 33 号新龙大厦
编辑室：（010）66016392
电　话：（010）66080300　（010）66083600
（010）66085300　（010）66063678
邮购部：（010）66060275　电传：（010）66051713
网　　址：www.shcbs.com.cn
经　　销：各地新华书店

印刷装订：北京华创印务有限公司
开　　本：140mm×203mm　1/32
印　　张：2.875
字　　数：51 千字
版　　次：2013 年 7 月第 1 版
印　　次：2014 年 3 月第 2 次印刷
定　　价：8.00 元

目　录

前　言

很高兴能为这本手册撰写前言。这本简而精的《聆听及面谈技巧训练课程》内容实在很扼要，把聆听及面谈里最基础而重要的知识和技巧都表述了。理论方面的探讨不多，但集中阐释有效的聆听和面谈技巧是什么事情，这是本书的一大特色。

作者系统而条理地将内容分成九章，章章相扣，首尾相连，阅后有种一气呵成的痛快。从“聆听框架”开始，作者尝试把聆听内容分为“事实”“体验”与“需要”；而“事实”又进一步分为“背景资料”及“事件”，“体验”再分为“意义”和“情绪”——前者包括归因、如愿、预计、自我评价及行为目的等不同项目。这种分类简单而实用，简明易用，可使初学者较容易掌握案主的意思和需要，尤其是心理需要。

大部分的面谈里，案主要感受到被理解和体谅，他才愿意与社工合作，澄清一己之需要，进而订立目标和拟定步骤，好消除困扰，为积极创造条件解决困扰和满足需要而努力——这本手册就在这方面奠定了很好的基础。

这本书的每一章节都清晰简洁，作者用最简单的言辞，以适量的、正反面且生动到位的实践例子，协助读者掌握所阐释的内容，无论概念抑或技巧。

作者对“共情”尤其重视，并且指出共情有许多层次，最高层次的，就是连案主言外之意和心里话都能明白和掌握，并能协助他说出来。这除了要有相应的技巧外，还需社工能深切明白案主的状况，更要完全投入他的世界之中。但如何做到这点，当然并不是这本小手册所意图达到的目的了。

这本手册里每章均有正反面的示范例子，并在最后一章附以习作，对于渴求掌握实务技巧的同工来说，这自有其吸引之处。

此外，作者对如何处理案主的需要提出了很有意思的思路。既可由困扰的反面去了解，也可从案主的行为目的出发以及从困扰消除后的情况去全面澄清案主的需要是什么。

第七章作者用了整章去讨论如何订立改变的目标这个关键题目，他强调目标一定要与案主的需要相连，并且要得到案主的认同才成。这点我深感吾道不孤！而最有意思的第八章，作者把初学者常碰到的难处一一列出，我看了也不禁会心微笑，因为当我状态欠佳时，也会犯这些毛病！这章弥足珍贵！

俗语说“宝物沉归底”，第九章的家庭练习更是不可多得的部分，因为里面有不同练习，让初学者通过具体事例和习作，包括区分何谓事实与体验、共情该怎样表达才合宜，以及从错误的片段找出不合宜的回应等，均实用又有趣！至于附录的短文章，则反映作者贯彻始终，他孜孜为念的是读者如何学到书中的概念和技巧，而学习从来都需要主动参与，更涉及触类旁通的过程。故此，一共有六篇短文章收到这本手册内，让读者阅后，自行联想这些文章的内容和寓意，究竟和这本书所涉及的主题关联何在？这些既有趣又有故事性的文章，阅后读者可自行联想，作者并不说破，自是其高明之处，最后更有进阶阅读的建议。

此书阅毕满心欢喜，喜其简洁务实而不害微言大义，读者不一定完全认同他所建议的框架及其分类，但不能否认其简洁易明和非常实用，确是吸引。

我诚意推荐这个训练课程，它尤其适合社工学生和刚毕业的社工。

香港理工大学应用社会科学系
朱志强

作者序

全中国的大学每年培训数万名社工，但数目远远赶不上国家发展的需求。香港理工大学一直关注内地社会服务的发展和研究以及社工人才的培训，在这社工人才培训的关键时期，希望能发展一系列的社工基础培训，以配合国内社会服务急速发展的需要。聆听及面谈技巧训练课程，就是针对内地社工实务培训的庞大需要而发展出来的，这本手册亦是配合这课程之用。这本手册里不少例子和家庭习作都是节录或修改自内地报刊和社工教科书里的案例，或参考社工学生在内地实习的经验，希望能借此更贴近我国的国情。

本训练课程和手册得以顺利完成，实有赖香港理工大学应用社会科学系朱志强博士、王红博士的指引，并得到理大社工专业学生朱海燕、陈启盈、吕官伟、钟凯琳和何咏诗多方面的协助，谨对他们表示深切的谢意。

当然，本训练课程仍有许多未尽完善之处，希望参加培训的学员和业界同工不吝赐教，以使课程能不断改善，精益求精。

香港理工大学应用社会科学系
游达裕

第一章　聆听及面谈技巧课程简介

课程简介

本课程所教授的技巧是源于西方的心理辅导，它非常重视案主参与的过程，并以促进自我觉悟和接纳、提升解决问题的能力为重要目标。西方心理辅导的派别和理论有很多，而本课程着重基础培训，为日后的学习打下基础，以便将基础培训的技巧应用于其他派别和理论下的辅导。由于中西方文化的差异，学员应做好心理准备，注意因此而带来的冲击。再者，西方的心理辅导非常重视案主的隐私以及对案主的接纳和尊重等，以促进案主的自我成长为重要手法。因此，学员学习时宜明了辅导的理念而不应采用规劝、说教或训诫的形式。

课程的重点，在于协助社工与案主建立共情关系，准确聆听案主的信息和需要，并一起建立改变的目标。这些技巧是个案、家庭、小组工作以及社区工作的基础部分，在社工实务的应用上是非常广泛的。学习基本的辅导技巧是本课程的重点，就是说本课程培训学员如何与案主建立共情的关系、澄清案主的需要和目标。这也是促进案主改变的重要一步。有别于单向式讲课的课程，本课程以体验式学习为主，如模拟技巧练习和即时回应，并配以多元化的训练形式，包括讲座、小组讨论、技巧示范及作业等。课程强调从学员体验出发，着重教学的互动关系，故此课程中的短讲部分亦以15分钟为限。

本课程学习设计的第一部分是聆听部分，主要是学习“聆听框架”，学员手册的第一章至第四章清晰记载此部分的内容；第二部分针对回应技巧，包括共情、澄清案主的需要及与案主建立改变的目标，记载在学员手册的第五章至第八章中。

训练中，学员需轮流扮演案主的角色，以让另一位学员练习有关技巧。而学员是否投入案主的角色，会影响练习效果和学习进度，所以学员应尽力按指示逐步投入角色里（参阅附录一：投入案主角色的指引）。由于课程针对的是技巧学习，训练时间很紧迫，因此不会处理学员的真实困扰。学员亦不应将自己的困扰提出来讨论，或在练习里处理。课堂上不适宜为学员的困扰提供辅导，这会妨碍整体的学习进度。

技巧学习的过程虽然是循序渐进的，但因学员的学习能力有别，实际的学习进度自然有所不同。尤其在学习的中期、后期，倘若有些学员发现自己与其他学员有不同学习进展，不必担心，也无须因不及他人而感到焦虑。学习应是按自己的步骤前进，不要强行与其他学员比较。另外，训练过程应考虑学员的背景。如学员未曾接受过社工的培训，重点可多放在概念讲解、聆听部分的练习，如果他们已是社工毕业生，培训时可更着重回应部分的练习。

只要能够明白所教授技巧的概念和重点，即使未能熟练应用，也可进入下一阶段的学习。而大部分技巧，不但需要领悟和理解，还需要花费较长时间去实践和反思，只有这样才能将技巧运用自如、融会贯通。此外，只要学员对这些技巧能大致领略，就可按程序推展，无须在某一技巧处停留过久。毕竟，学员不容易在短时间内熟练运用这些技巧。例如，第五章共情对话练习里，导师应鼓励学员说出不同的回应，并指出这些回应的优缺点就可以了，无须给予“机械化”的答案，否则会误导学员，使他们认为面谈里的正确回应是唯一的。

分析组员的练习时（回放练习的录像片段），需强调这是互相学习的过程。应先引导其他学员指出当时恰当的表现，然后提出需要改善或需留意的地方，这样可避免学员因怕受批评而抗拒练习或录像。如果学员很抗拒录像，可在现有的教材录像片段里选出合适的用来分析和讲解。

该训练教材已制作配字幕和不配字幕的相同录像片段，培训时尽可能采用不配字幕的录像片段。如学员在学习上觉得很困难，可先使用配有字幕的录像片段，待他们逐渐掌握后，再改用不配备字幕的片段做训练。

第二章　聆听框架

——事实、体验和需要

概念澄清——聆听框架

聆听框架

体验

事实

需要

1. 案主面临困扰时，往往不能有条理地进行自我表达。聆听时，若社工不能准确地梳理案主所表达的信息，便会感到混沌一片，摸不着头脑。

2. 若按“聆听框架”将案主的信息分门别类，将能快速地掌握案主所陈述的重要意思并进入困扰的核心。

3. “聆听框架”就是将案主陈述的内容分类，分别是事实、体验和需要。

4. “事实”部分较容易掌握，即案主所经历的事件，或一些背景资料；“体验”就是案主的主观经验，包括对事件所赋予的意义、产生的想法以及经历这些事情的感受等。

5. 很多人常常将“事实”与“体验”的内容一并处理，但如果不能敏锐地察觉两者的区别，有时会引起混乱，并忽略一些重要的介入点。例如，案主表示“我男朋友经常觉得我很烦”，跟“我男朋友经常说我很烦”的意思很相近，但第一句是关于案主的体验，而第二句是事实的内容，两者是有区别的（我感到男朋友经常觉得我很烦 / 我发现男朋友经常说我很烦，试想一下，社工回应时会有什么不同的侧重点）。

6. “需要”是“聆听框架”里最重要的部分，当案主面临困扰而无法解决时，就表明他的“需要”未能满足。大部分案主都未必会将内心的需要直接表达出来，这往往要通过社工的引导，或者在面谈里逐步澄清。

7. 社工不应直接指出案主的需要，让案主自己澄清他们的需要更为重要。通过面谈，案主可从各方面慢慢了解自己的情况，从而逐步认识到自己的需要。需特别注意的是，社工应该与案主就他的需要达成共识。如果社工自以为比案主更了解他的需要，辅导就容易出现障碍。

8. “事实”“体验”和“需要”等概念，以后各章会再深入探讨。

例子 2.1：区别事实与体验

这是案主（中年男子）的问题陈述：

昨天，我老婆跟儿子去了英国……我儿子到英国读书，我老婆就去照顾他，就是这样，我心里很不舒服。

事　实	体　验
昨天，案主的儿子去了英国读书，他老婆跟随到英国去照顾儿子	案主心里很不舒服

例子 2.2：区别事实、体验及需要

这是一名案主（女）向社工详细陈述自己的困扰：

嗯……我觉得最近特别烦，也没办法工作，什么事情都不想理。嗯……我有一个男朋友，我现在就想跟他分开，因为我觉得我们之间没有太多的感觉了。怎么说呢？他总是想让我陪他。可是，我一下班之后，我就觉得很累、很辛苦。回到家里，就想坐在沙发上，看看电视，吃点东西，然后什么事情都不想理，一点都不想用脑子。但是，他的精力就特别旺盛，特别好，总想让我陪他说说话、聊聊天之类的。唉，我觉得我根本没有那种心情。我觉得很矛盾，因为一方面我觉得跟男朋友在一起感到很平静，虽然他总是有些抱怨，想我多陪他，但是我知道有这样的一个人在我身边守着我，我可以很安心。但是我也知道，其实我没有太多的感觉，问题是如果再去追求那种感觉的话，那种感觉总有一天会消失的，是不是可以像这样子的平静。我想了很多很多，真的觉得好烦，没办法平静下来，我整天都很乱，我真的不知道该怎么办，怎样才可以走出这种状况。

事　实	体　验	需要（可能）
案主跟男朋友在一起已经好几年，最近没办法投入工作（背景资料） 下班回家后，就坐在沙发上不动，吃东西，看电视（事件） 男朋友表示希望案主经常陪他聊天，跟他倾谈（事件）	上班很辛苦，已经很累，回家后没有特别的心情（情绪） 矛盾：案主一方面觉得与男朋友在一起很平静，有他在身边守着自己，觉得很安心；另一方面，对他没有太多的感觉，想跟他分开，并觉得再去追求那种感觉，那感觉总会过去的（感受和想法）	休息、安静

学习过程注意事项：

1. 此“聆听框架”包含的概念虽然简单，但却不容易完全掌握和灵活应用，专注聆听案主陈述的内容并及时分类显得尤为困难，所以在培训过程中，学员需分阶段学习。

2. 学习初期，应先专注聆听“事实”的内容，熟练后就可学习聆听与事实相关的“体验”。

3. “需要”是最困难的部分，应在掌握了回应技巧后，通过面谈逐步澄清和引导，让案主逐渐将内在需要表达出来。只要案主能认识到自己的需要，他就更有动力去改变现状，并确定改变的目标。

第三章　聆听框架之事实

概念澄清——事实

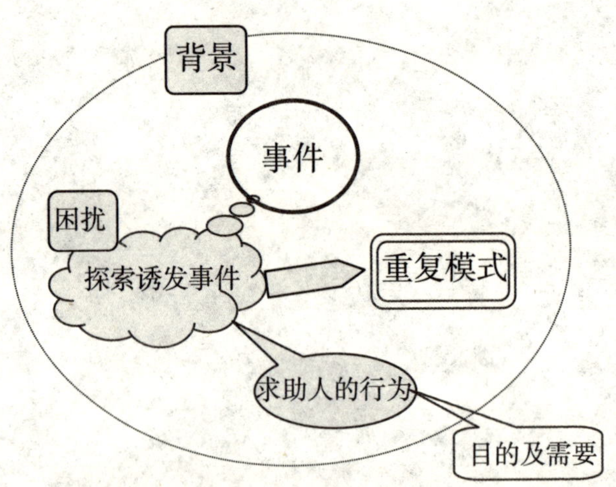

1. 一般来说，案主陈述时会提及很多事实，而这些事实却是没有条理的，因此社工初次聆听时会感到混乱。但如果以困扰为中心来梳理，这些资料就容易组织起来。

2. 事实更可仔细分为“背景资料”和“诱发事件”。

3. 在社工与案主的第一次接触中，案主会不经意地谈及一些自己的背景资料，让社工对自己有基本的认识后再叙述自己的困扰。而这些背景资料又常会与案主当下的困扰相关。

例子：区别事实（背景资料和事件）与体验

案主初次接触社工，开始时他这样陈述他的困扰：

我是做设计的，自己有一间小型的广告公司。现在的日子千篇一律，每天总有忙不完的工作，基本上整天都在工作。白天做不完的，晚上通宵再接着干。

事　实	体　验
案主是做设计的，有一间小型的广告公司（背景资料） 整天都在工作——白天做不完的，晚上通宵再接着干（事件）	日子千篇一律

学习过程注意事项：

1. 要特别注意与困扰有关的事件。即使案主的陈述混沌一片，甚至是喋喋不休的，但只要社工紧抓困扰，以此为中心点，相关事件就能够串联起来，成为一幅有意义的图像。

2. 案主有时会谈及一些较早前发生的事情，与当下困扰或许有关联，但不一定是最关键的。即使案主久受困扰，但他们也不一定会寻求社工的帮助，而那些最近促使案主前来求助的事情可简称为“诱发事件”。

3. 一般来说，了解诱发事件的细节是较为重要的，它包括以下内容：当时的场景，在场人物，事件发生的经过，案主当时的反应以及最后的结果。

4. 掌握这些诱发事件的细节有以下几方面的重要意义：第一，可从中了解案主的期望和对服务的要求，有需要时可即时加以澄清；第二，有助于对第一阶段工作的评估，如问题的严重性、案主应付困扰的能力和信心、将来是否会出现类似的情况；第三，可从诱发事件的细节（尤其是案主当时的行为反应）里了解案主的需要，进而帮助案主建立行为学习的目标。

5. “模式”就是指个体看待问题的视角、思考问题的逻辑。譬如，案主谈及小时候在家里如何受到父母的忽视，在学校里老师同样忽略他甚至歧视他，而在办公室里上司又从没重视过他。案主描述的这些具体事件，就反映了同一模式。

6. 社工应在这方面多加训练，即专注于区分案主所提供的事实和体验。熟习了这方面的聆听，增强了聆听的敏锐性，有利于进一步了解案主的体验，包括他的情感以及对身边事情赋予的意义，从而评估案主的认知能力，如处理外部信息、推论、归因等。

7. 区分案主所提及事实和体验，可防止社工将自己的观点强加于案主身上，也有助于站在案主的立场去理解他的体验；用简单而中性的说话方式重述这些事实或事件经过（尤其着重案主的自发行为和目的），可减少对案主的误解，也较容易准确掌握案主的重要信息，对建立共情关系很有帮助，而这种回应，不仅可以表达对案主的接纳与尊重，也可防止对案主行为作出论断。

第四章　聆听框架之体验

概念澄清——体验

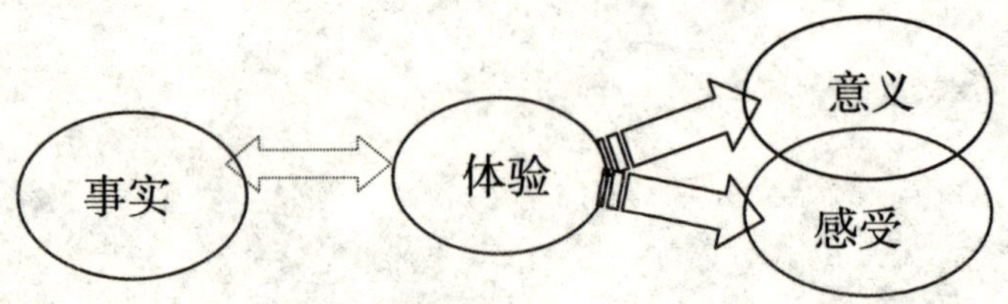

1. “体验”就是案主对周围事情所产生的主观经验，包括“情绪”和“意义”两大部分。

2. 情感联结是建立共情关系的重要手法。

3. 面谈过程中需注意案主的情绪反应和变化，沿着这些线索较容易进入案主的内心世界。有时案主会直接表达当下的感受，但更多的时候，社工从案主的非语言部分即面部表情和身体语言（如语调、姿态等）中能了解到他的情绪状况。其实这些观察是与人沟通的必备条件，只是社工在面谈里需对这些情绪反应尤为敏感罢了。

4. 通过与案主情绪的初步接触与感应，简单地将其情绪描述出来，并让案主慢慢感受自己当下的情绪，是表达共情的重要一步。

5. 面谈过程中，案主会经历很多不同的感觉和情绪，社工越能仔细分辨这些不同的情感，就越能敏锐地察觉案主的感受。掌握这些情感的词汇，对表达共情很有帮助（参阅附录二：情绪的类别）。

6. 有些时候，案主会进入很深的自我探索阶段，此时案主会陷入沉思当中，静默不语，似乎经历着深刻的感受，而社工却不能完全知晓。此时，社工可静默地陪伴案主度过这个非常时期，然后让案主慢慢叙述这些感受和反思。

7. 不同的人经历相同的事件，可能会赋予不同的意义，或由此引发不同的想法，这可能是受以往经验或思维模式的影响。所以，社工不应将自己的意思强加在案主身上，即使是经历很平常的事件，也应鼓励案主表达他的意思和想法。

8. 意思或想法可简单分为归因、如愿、预计、自我评价、行为目的等，简述如下：

归因——解释事件发生的因由。

如愿——针对事情的发生和进展，评价是否与期望相符。

预计——因应目前情况，推论将来会发生的事情。

自我评价——事情发生了，对自己有什么评价。

行为目的——案主自发行为要达到什么目的，其常常与需要相连。

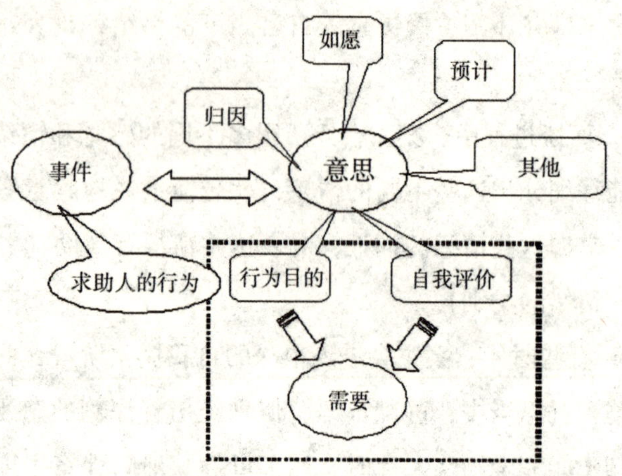

例子：区别事实（背景资料和诱发事件）与体验（感受和意义）

这是一个案主的陈述：

我觉得我这个人挺差劲的……我又跟我以前的男朋友见面了，我们已经分开好几年了。这几年我也没有谈恋爱，其实我心里还是……挺想他的，只是自己不敢再去找他。嗯，这次是他自己主动来找我的，我还以为他也跟我一样没有谈恋爱，我们可以再……在一起了，后来才知道，他已经成家了，但我还是想跟他在一起，我这个人真的很差劲。

事实（背景资料和事件）	体验	
	感受	意义
案主跟男朋友已经分开好几年，她一直也没有再谈恋爱（背景资料） 最近他主动找案主，案主又跟他见面 后来知道他已经结了婚（关键事件）	心里还是挺想他的（感受），只是不敢再去找他	希望跟他再在一起（行为目的） 以为他没有谈恋爱，他却已经结婚（不如愿），仍想跟他在一起，觉得自己挺差劲（自我评价）

从上述分析可以看出，如果鼓励案主多谈及和前男友再在一起的期望（行为目的），会较容易发现案主的需要。另外，案主知道了前男友已婚却仍想跟他在一起，因而感到自己“挺差劲”（对自己负面的评价），这亦反映了案主的另一些需要未被满足（即使能够和前男友在一起），可从这些想法慢慢探索案主的其他需要。

学习过程注意事项：

1. 当然，有些意思和想法不能仅归于这五个类别，但对案主仍可能是很重要的，所以也需留意。

2. 面谈初期，较重要的是要了解案主的需要，从行为目的和自我评价两方面入手会较为容易。

3. 有些想法会影响案主的情绪反应和应付困扰的方式，当谈到处理情绪困扰和如何解决问题的时候，就需特别留意这些想法。

第五章　共　情

概念澄清——共情

1. 简单来说，要达到共情，就是要求社工尝试进入案主的主观世界，从他的角度去思考问题和体验这些经历。

2. 这种态度，也是接纳和尊重案主的基础。学习辅导的初期，许多人总以为很容易就能够接纳案主、尊重案主，然而对案主全然接纳、不论断他的行为想法却是非常困难的。

3. 聆听了案主的故事，了解了他的体验后，我们会有些分析和论断，这是人之常情。但很多时候，有些分析、想法和判断常常会妨碍我们接纳案主。

4. 试想想，你是否会对某些人特别厌恶而不喜欢与他们交往？他们是自私自利，固执偏激，还是总会将责任推给他人而不愿承担？如果遇上这些案主，你心里或许会产生厌恶之感，这样就无法与案主达到共情的关系，也就无法与他一起商讨解决方法。

5. 其实，案主的一言一行、所思所感总有自己的逻辑和理由，尽管他们的一些行为不被社会接受（甚至不被社工所接受），但这都是案主在当时的处境下满足自己的需要或保护自己所做出的行为。面谈的首要工作，不是去论断这些行为，而是从这些行为入手，帮助案主明白自己，认识自己的内在需要，这样就更能帮助案主提高改变的动机。

6. 社工或许不会认同案主一些偏激固执的想法，甚至觉得难以接受，然而很多时候，正是因为这些想法才令案主身陷困境。尤其在面谈初期，若社工急于改变或挑战案主的这些思维想法，他与案主的关系就容易变得紧张。

7. 建立共情关系是面谈里非常重要的一步。案主在被接纳、关爱的氛围下，才会感到安心，从而愿意逐步透露心中的困扰，包括一些不为社会人士所接纳的想法和行为。

例子 5.1：共情与接纳案主

这是一位女案主陈述自己的问题：

我挺喜欢公司里的一位男同事，已经好几年了。开始时我们一起办些公事，我很欣赏他，他很有干劲，有责任感，也蛮懂得体谅人……后来，发现我们很合得来，只是他已经结了婚。但是，跟他真的什么都可以谈，有谈不完的话题，兴趣也很相近，我们都喜欢看电影，喜欢看同一类的电影，还有……我们家里都有一个弱智弟弟，从小就要照顾弟弟，我们为了照顾他，牺牲了很多，但还是值得的，其他人是不会明白的。其实，我们在一起已经好几年了，只是他老婆不知道。开始的时候，他已经表示不会离婚，因为他还是很爱他的家庭的，我当时想，只要时间长一点，他就会爱我多一些，慢慢他就有决心去离婚了。但是已经几年了，我们还是这样子，每逢节日，我仍是要待在家里，等他家庭团聚之后，我们才可以见面。我受不了，真的受不了，真不知怎样做才好。

案主正与一位已婚男士发展一段亲密关系。如果社工认为这会破坏别人的家庭，不能接受，心里就会反感，反对这种关系继续维持下去。有了这个想法，社工就很难与她建立共情的关系。面谈里，社工应暂时将这个论断搁置，先从她的角度了解这段关系对她的重要性，并从她的困扰、行为里探索她有什么需要未被满足，然后再协助她澄清她希望得到的改变。当然，这是初期的工作重点，可能要花上几节的面谈时间，这个进度容易让案主感到社工对她的尊重和接纳。

这里亦需澄清一点：这不是赞成或反对案主是否应该维持这段关系，而是面谈里我们根本不会从这个角度去考虑是否应维持这段关系的问题。

共情技巧

8. 共情有许多层次，较高的层次是以案主的以往经历为基础，并结合此时此刻的境况，将案主未能清楚表达的想法一并说出。简单地说，就是要明白他的言外之意，并说出他的心里话。当然，这要求社工能清楚地了解案主的状况，并完全投入他的世界，才可以做到。

9. 对初学者来说，能够准确掌握案主所表达的意思，重述较重要的信息，这已经对建立共情关系很有帮助了。随着更多经验的累积，这些技巧就可以熟练运用，进入更高的境界。

10. 先将案主的信息整理为事实和体验，然后用简单的话语表达，这是学习共情技巧的第一步。

11. 熟悉这个简单的步骤后，就到了更高层次的学习阶段，但仍要以事实为出发点，先找出案主陈述的重要事件（尤其留意他的自发行为），然后总结有关感受、意义及需要。

例子 5.2：共情技巧的例子

案主：我是做设计的，自己有一间小型的广告公司。现在的日子千篇一律，每天总是忙不完的工作，基本上整天都在工作。白天做不完的，晚上通宵再接着干，我真的受不了。

社工：你每天都忙于工作，白天未能完成，晚上还须通宵接着干（事实），好像工作是忙不完的，感到日子千篇一律（体验）。

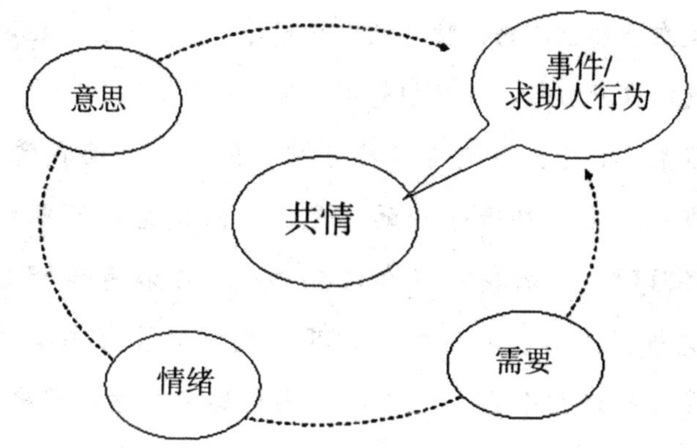

◇ 以事实为出发点，先找出案主陈述的重要事件（尤其留意他的自发行为），然后总结有关感受、意思及需要。

◇ 留意案主的语言及非语言的表达及沟通。

◇ 尝试进入案主的内心世界，明白他的言外之意。

例子 5.3：高层次共情的应用

案主：我觉得最近特别烦，也没办法工作，什么事情都不想理。嗯……我有一个男朋友，我现在就想跟他分开，因为我觉得我们之间没有太多的感觉了。怎么说呢？他总是想让我陪他。可是，我一下班后，我就觉得很累、很辛苦。回到家里，就想坐在沙发上，看看电视，吃点东西，然后什么事情都不想理，一点都不想用脑子。但是，他的精力就特别旺盛，特别好，总想让我陪陪他说说话、聊聊天之类的。唉，我觉得我根本没有那种心情。

社工：你上班很辛苦，很累，回家后没有特别的心情，只想坐在沙发上不动，你男朋友总想你多陪陪他，跟他聊天，但你没有这种心情，你只想静下来休息一下。

案主：是呀，我觉得我很矛盾，因为一方面我觉得我跟他在一起是一种很平静的感觉，虽然他总是有些抱怨，想我多陪他。但是我知道有这样一个人在我身边守着我，我会觉得很安心。我也明白，其实我对他没有太多感觉。问题是我知道如果再一次去追求那种感觉的话，那感觉总有一天会消失的，是不是还会像这样子的平静。嗯，我想了很多很多，真的觉得很烦，没办法平静下来，工作也做不好，也没有办法去陪我朋友。我不知道怎样去面对我的同事。反正我整天都很乱，我真的不知道该怎么办，怎样才可以走出这种状况。

社工：你心里感到很矛盾，你跟男朋友在一起已经好几年，一方面跟他在一起很平静，知道有他在身边守着你，你觉得很安心；另一方面，你跟他已经没有太多的感觉，想跟他分开，并觉得再去追求那种感觉是总会过去的，现在工作也做不来，觉得很糟糕，很希望可以走出这种状况。

学习过程注意事项：

1. 如果不断重述案主所有的内容，案主只会感到对方像鹦鹉学舌，毫无诚意，所以回应时应选择要点重述。

2. 一般来说，先回应案主较强烈的情绪反应较为合适。

3. 尽可能抓住案主的关键词语，这容易与他产生共鸣。

4. 回应要精练准确，字字皆有着落。

5. 回应可包括案主较早前提及的信息，重述的内容越有联系，越能够帮助案主认识自己。

◈ 要知道：聆听框架只是一个简单的框架，用以整理回应的内容。当然，不是每一次回应都要将事件、情绪、意思和需要全都说出来。

◈ 要灵活运用共情技巧，切勿墨守成规，照抄照搬。

第六章　澄清需要

概念澄清——需要

1. 因服务机构的不同设置，社工会提供各种不同类型的服务，以满足案主不同层次的需要，这也是社工的重要工作内容之一，如为流浪儿童提供住宿、转介农民工子女到合适的学校接受教育并提供成长课程、为低收入的家庭申请低保等。一般来说，这些需要较为清晰明确、容易掌握，社工按既定程序来提供有关服务，虽然不一定会深入接触案主的内在需要，但这些具体服务对案主很有帮助。即使服务机构主要提供这类具体服务，社工对案主困境的关怀也同样重要，仍需与案主建立共情的工作关系。

2. 需要包括很多层次，如心理需要、生理需要等。而辅导里，社工的主要工作是协助案主满足心理方面的需要，这也是本课程的核心内容。

3. 案主处于当前困境中，会出现焦虑、担忧、抑郁等负面情绪，在这种心理状态下，他很难说出自己的内在需要。

4. 还有其他原因，案主都不容易直接说出自己的需要。例如，有些需要与过往经验或成长创伤有关，案主只有在安全的氛围下，感到完全地被接纳，才能够将需要表达出来；也有些时候，案主弄不清楚自己的情况，所以不能清楚表达需要。

5. 简单来说，澄清案主的需要是一个过程。许多时候，这要经过一两节的面谈，社工才能与案主在他的需要方面达成共识。

例子6.1：需要的事例

案主的丈夫与另一个女人发展一段感情而最终决定要离婚，因此他将要离开案主和几个年幼子女，为此案主感到很沮丧、担忧。当澄清她的辅导目标和需要时，她表示只希望“丈夫能重返家中，继续做个好丈夫、好父亲”。当然，这并不是案主的真正“需要”，或许因为当丈夫返回家庭后，案主会感到家庭经济变得有保障，子女能得到适当的照顾，自己与丈夫也能维持亲密的感情关系，所以如果这些对案主来说是重要的，那才是与她的“需要”有关。

如何澄清“需要”

6. 从案主困扰的反面去了解——案主感到焦虑的地方往往就是困扰所在，尤其是表现出强烈负面情绪的方面，就表明他所关注的需要未能得到满足。如果能够从困扰的反面去探讨，将有助于案主了解自己的需要。

例子6.2：从困扰的反面去认识需要

案主经常感到很焦虑。逛街时，他常常认为其他人都注视他的一举一动，为此感到尴尬不已，甚至觉得自己好像是赤身裸体的，任何人都可以看清楚自己身上的每一部分，因此，他用许多衣服将全身重重包裹着，避开与周围人的眼光接触，尽量留在家里，减少外出。案主的这些担忧、焦虑，使得他要将自己包裹着，减少外出，可能反映了案主想要保护自己，获得足够的安全感。

7. 当困扰消除后的情况——有些时候，社工与案主在困扰里缠绕不清，无法认识案主的真正需要，这时可邀请案主一起探讨，如果问题解决了，困扰消除后，那情况会是怎样呢？或询问案主最希望出现怎样的改变？这些都是澄清需要的简单方法。

例子6.3：从消除困扰去了解需要

案主：我刚刚失业，我没有学识，也没有什么技能，已经这么一把年纪了，感到压力很大，都不知道怎样度过每一天。

社工：……

案主：……

……

……

社工：如果不再感到这么大压力，生活会有什么不同呢？

8. 从案主行为目的出发——案主自发的行为是为了产生一些影响，从而达到某些目的，而这些目的往往与案主的需要相关，尤其当案主的许多行为都具有相同目的，那就表示行为与案主某些需要密切相关。

例子6.4：从案主的行为找出需要

这是案主（大学生）的问题陈述：

老师，我真不明白，我跟同学打篮球的时候，他们老是喜欢取笑我，又说我太自私、太自大，有时又有意无意地撞我。我传球给他们的时候，他们就笑我说没胆子投球，说什么会不会走位啊？会不会找空当啊？好啊，我就绕过去，我自己投给他们看啊，他们又说我在扮酷。好啊，好啊，不跟他们打行了吧？我就走到旁边，我想一个人静一静，我不想跟他们争，我也不想被他们取笑。结果他们又说，说什么，说我胆小鬼，是不是不想跟他们打球啊？我真的不知道他们想干什么？我真不明白，我小的时候他们也是这样对我。我小时候参加过篮……篮球队啊，那时候同学他们也是这样对我，我当时就觉得他们肯定有问题！后来上了中学，中学同学也这样对我。好啦，现在上大学了，大学同学还这样对我。他们打球的时候就爱耍嘴皮子，其实我觉得他们球技很烂，我真的觉得他们很烂。我每次传球给他们的时候，他们就不知道传回来给我，不让我拿球，拿不到分！还有另一件事，上一次去打篮球，和别人比赛，没有人肯将篮球传给我，我经常走去没有人防守的地方，停在那里，等他们传球给我，好好的机会他们都浪费了，但他们又在说啦……他们真是……我在想，我已经用最好的技术，用最好的战术跟他们商讨，但他们却说："你闭嘴！最差劲的就是你！"他们为什么这样对我，我真不明白！我，我还跟他们讲我的打法，我很慢地也跟他们说，很慢慢地也跟他们说了！结果，他们都不懂啊，也没有人跟我配合，还处处排斥我。我真的不晓得他们想要干什么，这，这太不公平了！还有，刚才那个人，我也不晓得他是不是故意的，我传球给他，他没接到，"嘭"一声，就撞到肚子，就躺在地上半天起不来。结果，他们就都怪我，我已经跟他们说过了……我已经很温柔地向他们解释，这不关我的事，我还很有耐性地重复刚才那动作，我，我做给他们看，我是这样慢慢地传球给他的。结果，他们都不听我的，好啊，我就走去想要跟那个人握手，他好像也想跟我握手，结果他们却说："别理他，他是故意的！"我真不晓得他们想干嘛！打球嘛，干嘛吗，是不是？我觉得他们实在是不可理喻，那个同学也不可理喻。他们到底想干嘛，他们是不想我参加？不想我参加就说嘛，对不对？那，他们到底是想干嘛？我真的是气坏了，真的。

案主所描述的问题很复杂，想一想，如果听到这样的陈述，你有什么印象、想法？

当针对案主的自发行为并加以分析，就可清楚地看到：

情 境	案主的行为	目 的
打篮球时，当案主可以绕过去的时候，他们会说案主在装酷	案主跟着就不打球，走到旁边	案主想自己一个人安静一下，不想再与他们争吵
上一次篮球比赛，没有人肯将篮球传给案主	案主经常走去没有人防守的地方，停在那里……之后用最好的技术、最好的战术跟同学商讨	案主希望同学将球传给他，争取入球以及改善与同学的合作关系

续表

情 境	案主的行为	目 的
案主把篮球传给一名同学，该同学接不到，球撞到肚子后他就躺在地上，之后所有同学都说案主不对	案主很温柔地向他们解释，表示这不关他的事，并且耐心地重复刚才的动作……案主更主动走去跟那同学握手	案主希望其他同学知道他传球时不是故意将球撞向同学的肚子，亦希望这名同学能接受他的解释

从这些行为的目的来看，案主的需要可能是：

1. 希望得到同学的接纳和体谅，建立良好关系。

2. 想获取成功感（争取入球）。

学习过程注意事项：

1. 社工除了要准确理解案主的需要外，也需帮助案主确认它的重要性，如果只是社工一厢情愿的想法，缺乏案主的认同，这就没有意义了。

2. 要让案主切实地认识自己的内在需要，这能提高案主改变的动力，也是面谈初期的工作重点。

3. 如果能将案主的需要与他过往的成长经历，以及曾尝试克服困难的努力联系到一起，以此凸显出该需要对他的重要性，这能够让案主感到社工真的能深切地理解自己。

4. 需要注意，许多时候，社工与案主在面谈过程中反复纠缠、毫无寸进，或许是因为仍未能准确理解案主的需要。

第七章　订立改变的目标

概念澄清——订立改变的目标

1. 订立改变的目标，就是案主期待改变后所出现的状况，这也与他的需要相关。如果不清楚明确案主的需要而急于确定改变目标，有时会使案主犹豫不定，而不能积极采取行动去解决问题。

2. 订立改变的目标不应仅是消除困扰——这只是消极的方向，而更应是积极地创造理想的状况。

例子 7.1：包含理想状况的目标

案主：我想了很多，我觉得没办法去平静下来，工作也做不来，也没有办法去陪我朋友，反正我整天都乱极了，我觉得太糟糕了，这种感觉，我真的不知道该怎么办才能走出这种状况。

社工：现在你觉得乱极了，感到很糟糕，你希望可以走出这种状况。如果能够从这种状况走出去，情况会是怎样的呢？会和现在有什么不同？

3. 许多的理想状况里，不能单单要求其他人的改变，案主自己也要参与其中。

例子 7.2：参与其中的改变

妻子常常因小事而怀疑案主，两人更因此经常吵架，导致关系恶化。澄清案主的情况和他的需要后，案主表示希望能改善两人的关系，改变的目标当然不是“减少吵架”，而是促进两人的亲密关系，增加对案主的信任，这包括亲密地交谈、互相关心以及更能够坦诚分享等。

4. 订立改变的目标应是案主认为重要的，而不是其他人认为案主需改变的事。

例子 7.3：引导案主思考重要的改变

案主：我母亲强迫我来这里的，她忍受不了我玩网上游戏，她希望我可以戒掉这个习惯。

社工：你母亲希望你不再玩网上游戏，那你自己的想法呢？在这里，你希望谈些什么来帮助你？

订立目标

5. 澄清了案主的困扰和需要后，就需要与案主一起探讨改变的目标。有些时候，这两部分差不多是同时进行的，或不断交替，它们不一定是前后相继的不同阶段。需要注意，很少有案主能立刻确定出清晰可行的改变目标。

6. 面对抽象概念的目标（与需要相似），社工要将它转化为行动或具体情况。

例子 7.4：行动取向的目标

案主：我希望母亲能体谅我，不要不停地向我抱怨。

社工：她有什么行动会让你觉得被体谅？那时你又会有什么不同呢？

例子 7.5：将目标变为具体情况

案主：我希望日后能更有信心，坚强一点。

社工：如果你能够更有信心、更加坚强，那情况会是怎样的？

7. 有些时候，案主会期望不切实际的改变，或这些改变不在他能力之内，又或在短期内难以实现，案主因此会感到灰心丧气，这时社工就要耐心与案主商讨，将目标转化为具体且切实可行的改变目标。

例子7.6：转化为具体且切实可行的目标

澄清案主的困扰和需要后：

案主：我真的希望和妻子的关系可像初恋时，毫无猜忌，并且互相关心和尊重对方……（用很多例子来说明）

社工：如果你和妻子的关系有细微的改变，并且正朝向你所期望的方向，这细微改变会是什么呢？

8. 订立目标的过程要不时地将这些目标与案主的需要相连，以加强他改变的动机。澄清需要与订立可行目标同样重要，都能引导案主朝向他所期望的方向去改变。

9. 如果探索目标的过程中，案主不能跳出问题的限制，不断抱怨、诉说痛苦的情况，这或许反映了案主还未能完全吐露心中的困扰。这时，社工要再次耐心聆听案主的困扰和需要。

例子7.7：与案主一起订立目标

这是节录一段面谈对话，展示与案主澄清需要以及一起订立改变目标：

案主：我希望中午午饭的时候可以跟同事一起吃饭，工作已经够辛苦了，又多又烦，如果可以跟他们一起吃午饭，就可以轻松点，那就不再是一个人在餐厅里，也不用想着工作的事。

社工：你希望可以跟同事一起吃午饭，可以轻松一点，还有呢？

案主：我可以跟朋友谈话、聊天，试过去找他们，但是不知什么原因，他们总是不理我，他们总会一起出外玩而不会找我的，我真的不明白。开始的时候，我想这都是我自己的问题，后来细心一想，有时也这样觉得，如果这不是我的问题，就是他们的问题了。

社工：你也弄不清这是谁的问题，你只想可以跟同事一起吃午饭，有伴儿，可以聊天谈话，你也希望跟朋友一起出外玩，是这样吗？(6)

案主：是的，到外面玩，去逛逛街也好，假期一个人待在家里头，那真的很闷。我总想有点事情做，那么就不会胡乱想什么，这或许会影响睡眠吧。

社工：你希望不用待在家里，想有点事做，也想睡得好一点，你试想想，如果可睡得好一点，有些朋友会跟你一起逛街，到外边玩，那生活会有什么不同？(3，6)

案主：那我会精神好一点吧，我可以到公园逛逛，或者去旅行，看电影，我不想经常独个儿在家里看着四面墙壁。

社工：当你觉得精神好一点点，会逛公园，去旅行，看

电影，然后会怎么样呢？(6)

案主：我想我会继续睡得很甜吧，更不会失眠呀！你看，样子就不会这样可怕！

社工：你希望可以精神好一点，跟朋友的关系好一点，这都是你希望见到的改变吗？

案主：是呀。

社工：如果你跟他们的关系好一点，有些微改善，那情况会怎样呢？你们相处时会有什么不同？(3，7)

案主：如果关系好一点，那就是有少许改善，我想，早上大家见面时，会笑着点点头，闲谈几句。

第八章　常犯错误及转介

引　言

初学者常常提出这样的问题："如果案主这样说……我应该怎样回应？"由于面谈是在互动关系里进行的，这样脱离实际的讨论是没有多大意义的。我们既没有绝对正确的回应，也不会完全按照指定程序进行面谈。其实，有效的面谈过程是有多个可行途径的，只要符合其中一些原则，社工就可按照当下的情况和脉络而灵活回应。另外，许多重要的考虑和判断是需要累积经验后慢慢领悟的，所以不能够在此详尽地陈述出来。

根据过往的经验，我们总结了初学者一些常见错误，尤其是在面谈初期常出现的错误，如果认识这些常犯错误并能细心观察面谈过程，对学习会有很大的帮助。

常犯错误

1. 缺乏与案主的情感联系——案主陈述问题时，会受许多情绪困扰，社工容易忽略而未能及时回应案主当下的情绪。如果不断忽略案主强烈而重要的情感反应，案主会感到对方不能明白自己，这样就难以与案主建立良好的共情关系。

2. 过早或不恰当地使用封闭式问题——辅导初期，当聆听案主的困扰时，社工对困扰总会有些想法或假设，有些时候会采用封闭式的提问来了解某些特定情况，或印证一些假设和观点。这样会使案主不能有足够空间去陈述困扰，社工也就无法从案主的角度去理解这些经验。

3. 连续发问而忽略案主主动提供的重要信息——有些时候，社工会按照自己的想法不断提问，可能是根据对问题主观定义而想找到有关原因，或是印证一些假设。于是面谈就会按照社工自己的思路进行，因此案主主动提供的重要信息和线索会被忽略。

4. 强行说服案主接受某些原因或观点——面谈过程中，社工以专家的姿态，采用直接解释或间接提问的方法，企图说服案主接受一些观点，如问题的成因等，或在一些行为上强加一些标签，忽略了案主自身的观点、意见。

5. 直接建议、指导，或用提问指导应如何解决问题——

社工急于指导案主如何应付困难，直接给予建议，或通过提问间接引导案主采纳一些解决方法。这样一来，面谈过程中案主的参与就变得毫不重要了，社工好像比案主更懂得应付这些困难。

6. 根据自己的假设转换话题，使谈话不连贯——如果社工对案主的问题或情况已有自己的假设，便会不断追问查证，提问都是围绕着自己预先的想法或假设，但对案主来说，却会感到话题不断转换而不连贯。

7. 还未清晰理解需要，就急于订立改变的目标——很多时候，社工还没弄清楚案主的真正需要，就匆匆与案主订立改变的目标，可是后面就会发现案主犹豫不定，或者不断表达其他更复杂的困扰，于是面谈迷失了方向，在困扰里不停打转。

8. 辅导目标还未达成共识，就忙于寻求解决方法——还没有确立改变的目标，就开始与案主寻找解决的方法，导致面谈更加远离案主真正的需要。这种情况下，有时即使找到了“解决方法”，但会发现案主毫不投入，也没有认真对待。

例子：错误示范

以下是面谈的错误示范，所列出常犯错误的分类只用作参考。

1. 缺乏与案主的情感联系。

2. 过早或不恰当地使用封闭式问题。

3. 连续发问而忽略案主主动提供的重要信息。

4. 强行说服案主接受某些原因或观点。

5. 直接建议、指导，或用提问指导应如何解决问题。

6. 根据自己的假设转换话题，使谈话不连贯。

7. 还未清晰理解需要，就急于订立改变的目标。

8. 辅导目标还未达成共识，就忙于寻求解决方法。

	面谈内容	常犯错误
社工	你好，我是这个中心的社工，我姓黄。	
案主	黄小姐，你好，我叫小芳。	
社工	小芳，你好！你来中心，我有什么可以帮你呀？	
案主	其实最近几天，我觉得好像身体不太好。	
社工	哪里不太好呢？	
案主	就是我觉得自己常常头很痛，心跳得很快，所以我觉得自己是不是得了很严重的病，快要死的那种（很担忧的表情）。	1，2
社工	去过医院检查吗？	
案主	我去过啦，但是医生说我没有什么大的问题，身体很健康，都没有发现什么特别的，但是我确实觉得自己的身体有问题，晚上我常常睡不着，心跳又很快（表情担忧、焦虑）。	1，3
社工	工作的情况怎样？有没有什么转变呢？	1，4
案主	工作都和以前差不多，我只是担心自己有很严重的病。	
社工	医生检查过都说你没有病，身体很健康，那应该是一种恐惧症吧。	6
案主	恐惧症？我想可能是吧？（担忧地）但我也不知道要怎么办。	

续表

	面谈内容	常犯错误
社工	这个恐惧症是怎样产生的？之前发生什么事吗？	
案主	我想会不会是因为前几个礼拜，我去算命，他说我有很大的血光之灾。我不知道是不是因为这个原因（焦虑地），反正从那个时候开始我的身体就真的很不舒服了。	1，2
社工	你跟什么人住在一起的？	
案主	我跟老公一起，我们还没有孩子。我也没有将这件事告诉过我的朋友知道，怕他们不了解我的情况。	1，3
社工	那你有没有跟你老公谈过这个情况？	1，4
案主	不会吧，跟他谈？他……会不会觉得……我很可笑呢？	
社工	那就是没有跟他谈啰？	6
案主	嗯……	
社工	为什么不跟他谈？	
案主	应该不可以吧，他可能不能理解吧？	1，6
社工	为什么他会不理解你呢？他是你老公呀！	
案主	这只是我自己想的，因为以前我也跟他说过、谈过，但他总觉得我其实没什么，所以我觉得他不尊重我，而且有什么事我也不想再跟他谈了，不想再麻烦他了。	3，6 2，5
社工	就是他从来都不尊重你啰？	
案主	也不是呀，其实平常他对我也蛮好的，但是真有事的时候，我就不想跟他谈了。	5
社工	他怎样对你蛮好的？你说他不尊重你，又说他对你蛮好的！	4，5
案主	我就觉得他不太了解我嘛，不明白我的感受，但是他也会出去工作，赚钱回来，平常也没有什么不良的嗜好，所以我觉得他对我还算不错吧！	1，2
社工	那你有没有想过跟他谈一下，这样对你的病可能会好一点吧。	7，8
案主	试试看……（犹豫地）真的可以吗？	

续表

	面　谈　内　容	常犯错误
社工	试试看无所谓吧？	1，4
案主	（犹豫地）也是哦……	
社工	你跟他就谈谈你的感受，让他明白你的感受，让他多花一点时间陪你，你的担忧可能就会少一点，你的恐惧症没有那么严重了。	1，5，7，8
案主	这样我的恐惧症就会好吗？	
社工	这个很难说，试了再说吧！	4
案主	那好啦……我回去试一试吧……	

这些常犯错误的分类较为简单，彼此之间或互有重叠，但重点不是要将这些错误能够准确区分，而是借此提醒学员以减少面谈中可能出现的错误。

转　介

1. 社工需明白个人的限制，若个案的性质及艰难程度超出个人能力所能及的，宜作适当的转介，例如处理一些严重情绪困扰或虐儿/虐妻的危机个案，新入职的社工宜将个案转介给对该类个案较有经验的同工。

2. 社工亦宜了解个人情绪状况，若社工因个人丧亲、离婚或成长时受到虐待等而需要辅导同样经历的人士，社工不应将个人的感受及想法强加在案主身上，应尊重每一个案主的独特性，需知道同一件事件发生在不同的人身上，都有不同的感受与想法。倘若社工因个人情绪受困扰而影响其工作，不但不能帮助案主，还会影响案主与社工间的互信关系。因此，社工应将个案转介给合适的同工，自己亦应早日寻求辅导。

3. 社工糅合不同的工作手法，并运用社区资源，协助案主解决问题，改善制度和环境上不足之处 。

4. 案主除了心理需要，亦有其他生活实质需要。

例如，遇到失业时需要职业再培训，作为社工需要了解社会不同的服务并作适切的介绍及转介。

5. 转介资料：

- 机构——如学校、医院、职业培训所、评估中心、老人院、儿童院等。
- 具体援助——如经济援助（低保）、基本生活所需（如食物、住宿）等。
- 社区支援网络——如发展互助网，促进邻里守望相助。

6. 社工在转介时应确定：案主是否需要该类社会资源，案主是否符合资格，申请的程序及时期等。

第九章　家庭习作

练习9.1：区别“事实”与“体验”的重要信息（参考例子2.1）

儿子跟老婆走了之后，就剩下我一个人在这里，我心里就觉得不舒服……可是，我总想儿子要读书，可以做自己喜欢的事情，也是好的。老婆跟他一起去英国，她说她想好好照顾儿子，我觉得这样也好，儿子毕竟年纪小，在外国生活会碰上很多问题，有她照顾，我也放心。

事实	体验

练习9.2：区别“重要事件”与“体验”（感受和意义）

（参考例子 4.1）

流浪男孩，14 岁，暂居于流浪儿童日间服务中心，这是他向社工陈述自己的困扰：

社工，我……我……想我真的要离开中心了。其实我也不想离开的，不过现在就是不离开也不行，也不能由我自己选了！因为怎么说呢……就是前几天我在街上捡瓶子的时候，跟小军那班人有一些矛盾……本来，就是我先看到有个老婆婆放下一大袋子的瓶子，我肯定我是第一个看到的。那我就静静地走过去把它捡起来，反正我不去捡，也有其他人捡的，对不对？然后，我就去把它捡起来呀！但是后来那个小军，就是之前来中心的小军就说，说什么是他先看到的。他说废话啦，明明就是我看到的，想抢我的东西，又不想想自己是什么，我就肯定不给他啦，他的脑袋一定有问题，我就狠狠打了他一顿……但……但是想不到，他找人来打我，昨天他跟他老大在中心楼下等我，我当然不会怕他呀……我才不怕呀……再说，我也是有刀的，有……有八寸这么长，我……我用不着怕他，对不对？不过，我……我……刚好……外面的朋友叫我去广州，他们明天就扒火车去广州，他说他老大在那边，而且在广州比较容易挣钱，总比在这里好嘛！捡一个才一毛，钱是不够用的。那我就想去广州了，不过其实留在中心，我……我也觉得……挺……挺好的，因为，你看，在中心有吃的，有地方睡，不用在外面……不用风吹雨打嘛，也有中心的老师和社工跟我聊天。但……也不行了，不走也不行了，你知道吗？前几天小军的那个老大才把一个小孩的腿打断了，头也肿起来，打得像个猪头一样，我……我……我就是……不想跟他们斗，反正我……我……朋友那边也能挣钱，也比较好赚。那我就反正先挣钱再说，我也不想想太多了，想不了，想不到，不想想了，社工……我……我是真的要离开这里了。

重要事件	体验	
	感受	意义

练习9.3：区分“事实”（背景资料和事件）及“体验”（感受和意义）（参考例子4.1）

案主这样陈述自己的困扰：

我是学设计的，自己有一间小型的广告公司。现在生活基本上千篇一律，每天总是忙不完活，白天基本上一整天都在工作。白天做不完的，晚上通宵再接着干。很多时候，客户会半夜打电话来，一谈常常就是好几个小时。最厉害的一次，半夜3点多打来，等我们谈完天都亮了。没办法呀，客人要求要改设计，我们总不能不配合，是吧？你知道做我们这一行是这样的，客户常常来的时候都不太清楚他们想要的是什么，所以为了完成工作，常常都是多做几个样式让他们去选。好像那一次，有个客户，他们很赶，我通宵做了几个样式给他们选，结果他们都不满意。想不到到最后要的……他们选了一个中学生程度的低级设计。哎，老实说我一点都不喜欢那个设计，又土，又没格调，但是没办法呀，这个客人的要求就是这样，我也没办法，做生意就是这样了。这些年来一直都是这样了，客人永远都是对的。他说好，那就是好，也不管他们的水平有多么低，口味有多么庸俗……唉……现在的工作，基本谈不上什么乐趣了。唉，工作，工作，还是工作。我都不明白，生活像这样还有什么意义，还不就是混口饭吃嘛……

事实（背景资料和事件）	体验	
	感受	意义

练习9.4：共情回应（参考例子5.3）

	面谈内容
社工 案主 社工 案主 社工 案主	你好，我叫王慧，是这里的社工，有什么可以帮你呢？ 我最近心情特别不好，刚刚又被……公司给辞退了。 嗯…… 我以前做的几份工作都是被辞退的…… 你以前做过的几份工作都是给人辞退的，所以心情特别不好？ 就是呀，回到家里，妈妈又说："你怎么又被辞退了！"其实，我已经尽力了，哎！可能是，也不知什么原因，可能是老板的要求太高，还是什么的。哎呀，我做什么老板都不满意，老是挑我的错，有时候还骂我，骂我蠢，骂我一无是处。所以老是被人骂，唉，真的心情特别烦。我都是个成人啦，老是被人这么骂，你能明白我的感受吧？我都不知道我是不是不适合做这份工作？
社工 （共情回应）	

练习 9.5：共情回应（参考例子 5.3）

	面谈内容
社工	你好，我是这里的社工小王，有什么可以帮你吗？
案主	嗯……昨天，我老婆跟儿子去了英国。我儿子到英国读书，我老婆跟着去照顾他，就是这样，原来是一家三口的，现在……就留我一个人，唉……
社工	你老婆陪儿子到英国读书，剩下你一个人在这里，所以感觉不太好。
案主	对，就是这样的，本来一家三口，现在他们都走了，就留我一个人在这里心里怪别扭的。
社工	嗯……心里怪别扭的。
案主	我儿子现在 17 岁了，前些年，他就一直想到国外读书，他说是想在外面体验体验生活。我想，咱们家环境也还可以，孩子要是能在外国体验生活是不错的，再加上这些年我和老婆都挣了些钱，经济条件也都行，所以我们都支持他快点出去长长见识。后来他在英国找到了一所学校，我就说，好，我们支持你出去。然后他就这样走了，就走了……就剩下我一个人在这儿，他们都走了。第二件事就是我也希望他们都可以做自己喜欢的事情，老婆也跟着去了英国，她说想好好照顾儿子。我想也是，儿子毕竟年纪小，刚刚出国，很多事情，生活上也会碰到很多问题。
社工（共情回应）	

续表

	面谈内容
案主	其实，我跟儿子的关系一直不太好。我想可能是，我是那种比较传统的父亲，所以他很多方面行为我都看不惯，所以常骂他……其实也不想整天骂他嘛，但他在家里的行为实在太过分了。要在外面过夜不回家，也不知道打电话问过我们，简直是没把我放在眼里，再加上这些日子又学会抽烟呀、上网呀、看在线电影呀，整天都在房间里不出来，我见到了当然就忍不住说几句。就这样，所以我们的关系就差了。哎，前些日子，我就经常教训他，要他改这些事情，我知道他心里肯定挺不舒服，我也拿他没办法。
社工（共情回应）	

练习9.6：试从案主的行为找出他的需要（参考例子6.4）

案主这样陈述自己的困扰：

我觉得很不开心，我觉得好孤单呀。我在大学读书，但是……我没有朋友，只是我一个人待在家里，家人都不了解我呀，他们觉得我不应该只是留在家里，要出外认识朋友，但是我就是没有朋友，所以不想在外面一个人游荡，很闷的。在大学的时候我总是一个人，没人理我，没人肯跟我谈话，都不知道可以跟什么人说话，我曾经试过逃学，但是，也没有同学会找我，我是否上课都没有人理我。我跟兄弟姐妹相处得很差，他们都忙着自己的事，我只好一个人在家里，整天上网，或者打游戏机，但未试过约网友出来见面，怕他们不喜欢我，我没有信心。同学看见我就走得远远的，我觉得他们讨厌我的样子很丑吧，我也不喜欢，但没有办法呀。将来也一定没有人会喜欢我的，没有人想跟我做朋友，上网起码有人肯跟我聊天。平时上网都很开心的，好喜欢跟网友聊天。但是，我很不喜欢这个现实世界，我可以怎么办？

情 境	案主的行为	目 的

可能的需要：________________________________

____

练习 9.7：错误示范（参考例子 8.1）

常犯错误：

1. 缺乏与案主的情感联系。

2. 过早或不恰当地使用封闭式问题。

3. 连续发问而忽略案主主动提供的重要信息。

4. 强行说服案主接受某些原因或观点。

5. 直接建议、教导，或用提问指导应如何解决问题。

6. 根据自己的假设转换话题，使谈话不连贯。

7. 还未清晰理解需要，就急于订立改变的目标。

8. 辅导目标还未达成共识，就忙于寻求解决方法。

这是第四次的面谈①：

	面谈内容	常犯错误
社工	你能告诉我，一开始进公司的时候，你为什么情绪较好？	
案主	那时候工作压力不大，我是跟着别人做事的。也常常和同事一起打网球，和朋友聚会，确实挺快乐的。	
社工	也就是说，那时候有许多活动让你感觉充实。	
案主	是啊，那时候的确很充实！	
社工	是不是可以理解为做自己感兴趣的事情能够让你很愉快？	
案主	是的。但是我现在对所有事情都没有兴趣！	
社工	那是因为你对自己说：我做任何事情都帮不了自己。于是什么兴趣都消失了，人也变得越来越懈怠。而这种消极懒散的状态又不符合你对自己的要求，于是加强了你的抑郁情绪。所以你必须行动起来打破这个恶性循环！	

① 吴铎，马伊里．社会工作案例精选［M］．上海：华东理工大学出版社，2007：277。

练习9.8：错误示范（参考例子8.1）

这是第六次的面谈[①]：

	面 谈 内 容	常犯错误
社工	你花了很多时间联系业务，有什么成效吗？	
案主	（苦笑）大部分时间我其实在发呆，因为很多卖场老板欺负我是新人，对我的态度很粗暴，我讨厌和他们接触，但是又不得不联络。所以联系完一家以后，我总要发呆磨蹭很长时间才开始打其他电话。你说能有什么成效呢？	
社工	客户对你态度不好的时候，你是什么样的感受？又会如何表现呢？	
案主	觉得很受侮辱，恨不得当场回击他们。但客户是上帝，我不能这样做，只好一肚子的窝囊气保持沉默，然后就告别。	
社工	你刚才自己也说了，客户是上帝。既然你不可能和他们翻脸，也不可能和他们断绝往来，那你是不是应该想想该如何更有效地与他们打交道呢？	
案主	但是他们的素质实在太差了，我如果去求他们不是太没有自尊心了吗？	
社工	你说他们态度差，究竟差到什么程度？	
案主	说话口气很不耐烦、很不客气，有时候我还没有讲完就挂电话了，有时候电话接通以后还要我再在线等上十几分钟。非常没有礼貌！	
社工	就这些吗？他们没有对你说一些粗话吗？	
案主	那倒没有过，但是这些已令我无法忍受。	
社工	我想你比很多营业代表处境好多了，他们遇到的客户更傲慢、更苛刻，甚至满口脏话，但是他们放下自尊去和最难缠的人打交道，努力获得这些人的认可和接受，最终成为优秀的业内人士。	

① 吴铎，马伊里．社会工作案例精选［M］．上海：华东理工大学出版社，2007：278～279。

续表

	面　谈　内　容	常犯错误
案主 社工	（停顿）我不能和他们比的，我没有他们本事啊！ 每个人做每件事情都是从不会到会的，你也一样啊！只是你没有跨出第一步而已。当客户让你等候的时候，你不妨认为他们确实在忙非常重要的事情。总之你要为他们的态度找个合情合理的理由，这样你才能做到宽容地面对你的这些上帝。	
案主	（沉思）我试试看吧！	

练习9.9：错误示范（参考例子8.1）

这是第一次面谈的开始阶段：

	面　谈　内　容	常犯错误
社工	你好，我是这里的社工，我姓李，请问应怎样称呼你？	
案主	我叫小波。	
社工	小波，你好！请问今天有什么可以帮到你呢？	
案主	社工，我真的很气呀，我在学校跟我那些同学打篮球，他们经常取笑我，说我又自大、又自私，有时候又故意撞我，我真不明白为什么他们这样对我！	
社工	不会吧？他们常常取笑你，打球的时候又故意撞你，你一定觉得很生气吧？	

续表

	面 谈 内 容	常犯错误
案主	对呀，你知道吗？有一次我们一起打球，本来我想把篮球交给他们，但他们又说我没胆量投球，说我什么，不知道绕不过去啊？后来我绕过去自己投球，他们又说我在扮酷。我实在是太生气了！好啦！我不跟他们打了啦，行吧？我就想一个人走到旁边，静一静。结果他们又说什么，说我胆小鬼！是不是不想跟他们打球啦？我实在不知道他们在想什么？他们为什么这样对我？	
社工	他们还说你是胆小鬼？当时你一定觉得很没面子吧？	
案主	嗯……这个我倒是没有想过，反正当时我是真的很生气，所以我就想自己走到旁边，静一静。我都已经退让了，他们干吗还要那样说我呢？	
社工	他们这样做是不对，他们好像在针对你。你想一想，他们为什么要这样对你呢？是不是你有什么地方他们不喜欢呢？	
案主	嗯……这个嘛，我也不知道，嗯……他们为什么这样对我呢？我真的不明白！其实，我小时候也有这样子的遭遇，小时候也参加过篮球队，他们那时就是这样对待我，我当时就觉得他们有问题！后来好不容易上中学了，他们还这样对我，现在进了大学，来到这里……他们也是这样子对待我。打篮球的时候，他们总是喜欢说三道四，其实他们自己打球最差劲的，他们自己都不知道，真丢脸！	
社工	原来小时候也是这样……现在大学的同学又是这样对你，你有没有想过什么解决的方法？	
案主	我已经试过很多方法了，好像有一次打球的时候，我们和别人比赛，没有人肯传球给我，我已经尽量走到没有人防守的地方，等他们传球过来，很多机会都这样浪费了，结果他们还说我不知道和他们合作……他们真是……我、我已经用最好的	

续表

	面 谈 内 容	常犯错误
	技术、最好的战术跟他们商讨，而且我也很温柔地告诉他们我的想法，结果他们竟然叫我闭嘴！我真不明白，他们为什么要这样对我？	
社工	其实你已经很好了，你尝试着改善自己的说话态度去跟他们说话，真的很棒呀！	
案主	但是有用吗？都没有用。比如另外一次，我把球传给一个同学，结果也不知道他是不是故意的，他球没接好，“嘭”一声，球撞到他的肚子，然后他就倒在地上半天起不来，结果他们都说我是故意的。我已经很温柔地向他们讲，说这不关我事，我很有耐性地做给他们看，我是很轻地把球传过去的。但是，他们都不听我的。后来我就走过去想跟那同学握手，他好像也想跟我握手。结果他们都说：“不要跟他握手，他是故意的！”他们为什么要这样对我？真是的，我现在想起来，都还是很生气，太离谱了！	
社工	看样子，其他同学真的是误会了你，你可以慢慢跟他们解释，嗯……你主动跟那个同学握手，你做得很对，真的很不错！	
案主	这个我不知道，但是我觉得他们也不太欣赏我呀！	
社工	他们为什么这样对你？你已经做得很好了，会不会有其他的什么原因呢？	
案主	他们太不可理喻！他们到底想怎么样呢？我真的不知道，不过我想可能他们是妒忌我球打得好，所以不让我抢他们的风头，不让我有表现的机会。嗯，对！我想他们是忌妒我技术比他们高！	
社工	啊？原来他们忌妒你的技术，你肯定吗？那你心里一定很难受了。你有没有想过，用什么办法可以让他们不要这样对你？	

续表

	面谈内容	常犯错误
案主	就是啊，可是，这也不容易做到啊，打篮球总是要讲运动精神嘛，我总不能降低自己的技术跟他们打呀！	
社工	你可以尝试着找一些技术水平比较高的同学一起打篮球，你觉得这个方法行吗？	
案主	嗯……可能也行！可能技术水平比较高的也不会那么小气！可是，要找到水平高的同学也不容易呀！	
社工	是不容易，但总比跟这些小气的同学一起打篮球好吧？你努力一点，看看可不可以找一些技术水平高一点的同学，好不好？	

附录

一、投入案主角色的指引

1. 案主基本资料：与自己性别相同，年龄相仿。

2. 回想一位相熟的同性朋友，他（她）曾向你提及自己受困扰的事件。然后细心整理以下资料：

（1）困扰是：________________________________

（2）与这困扰有关的事件及其他细节：____________

（3）这朋友的背景资料：______________________

（4）这朋友的表达及思考模式，一些特别的想法、情绪反应等：____

____

3. 回顾以上资料，尝试代入这个角色里（尤其这一刻他的心理状态），以第一人称（我）即场发挥。

现在向社工求助，这是第一次与该社工会面。

二、情绪的类别

强烈的

愤恨	愤怒	恐惧			感动	振奋	兴奋
痛苦	生气	害怕			感激	得意	惊喜
沉痛	厌恶	着急	惊	讶	感谢	开心	快乐
绝望	悲伤	担忧	激	动	幸福	甜蜜	高兴
悲观	难过	慌乱	紧	张	温暖	喜悦	乐观积极
烦恼	悔恨	反感	冲	突	温馨	愉快	沾沾自喜
沮丧	后悔	罪恶感	矛	盾			
苦恼	惭愧	受到伤害	困	惑			
心寒	歉疚	烦躁不安	怀	疑			
忧郁	焦虑	不耐烦	犹	疑			
			彷	徨			
负向的			不	确定			正向的
			无	辜			
			无	趣			
			无	聊			
羞辱	孤单	不知所措	不	舍	骄傲	满足	盼望
消沉	寂寞	若有所失	镇	定	自负	满意	期待
失望	空虚	遗弃感	平	静	轻松	知足	自信
挫折	自卑	疏离感			放松	自在	放心
自责	困扰	不安全			安心		
无奈	可惜	不舒服					
灰心	惋惜	害羞					
无助	虚弱	感慨					
无力	软弱	疲倦					

温和的

参考自：王颖慧，游达裕．亲子游戏启导［M］．香港：汇智出版社，2007.

三、思考短文章

3.1 约书亚树的顿悟[1]

说出名字是驾驭事物的关键所在。

许多年前，我收到一本辨识树木的书，作为圣诞礼物。当时，我在父母家中。等到拆完所有的礼物后，我决定走到屋外去辨认住家附近的树种。出门前，我浏览了书籍部分的内容。其中，约书亚树（Joshua tree）因为只需两个辨识技巧，所以成为书上介绍的第一个树种。嗯，约书亚树看起来真的很奇怪。当时，我看着图片，自言自语地说道："喔！北加州根本没有这种树，这树长得可真怪。如果我曾经看过，一定能马上想起来，不过我从来没见过它。"

我带着书出门了。我的双亲住在六栋房子的巷子尽头，其中四家的前院就种有约书亚树，我住在这栋房子已有 13 年了，却对这种树毫无印象。我在那条街上走走看看，发现新

① 罗苹·威廉斯（Robin Williams）：写给大家的平面设计书。

搬来的人家都在做庭园造景，心想一定是苗圃在举行大拍卖的缘故，其中至少八成的住家都种有约书亚树，而我以前却从不认识它！

一旦我认识了这种树（也就是我能叫出它名字的时候），就会发现到处都看得到它。这正是我想表达的观念：一旦你知道一个东西的名字，你就能意识到这个东西的存在，就有能力去凌驾它、拥有它、掌握它。

思考：这篇短文与学习面谈技巧有何关系？

3.2 对橘子的专注[①]

你们平时把橘子剥皮来吃，可以把它吃得专注或不专注。怎样才是吃得专注呢？那就是当你吃橘子的时候，你是很清楚地知道自己在吃橘子，你可以彻底地感受到橘子的香和甜；当你剥橘子的皮时，你知道自己在剥它的皮；当你把一瓣橘子剥下来放进口里时，你知道你是在把一瓣橘子剥了下来放入口里；当你享用芳香和美味的橘子时，你会察觉着你在体验那芳香美味。难陀芭娜给我的橘子有九瓣，当我吃每一瓣的时候，我都察觉着它是如何难得和美好。我吃着橘子的时候，一直都没有忘记她。所以对我来说，橘子是非常真实的。如果橘子是真实的，那么吃它的人便也是真实的了。这就是怎样去专注地吃橘子。

怎样是不专注地吃橘子呢？当你吃橘子时，你并不知道你在吃橘子，你没有去体验着橘子的香和甜；当你剥橘子的皮时，你并不知道你是在剥它的皮；你把一瓣撕下来放入口中时，你却不知道自己把一瓣橘子正在放入口中；当你嗅到橘子的芳香和尝到橘子的美味时，你也不知道你在嗅着它的香或尝着它的味。这样吃橘子，你是不会欣赏到它的可贵和美好的性质的。如果你没有察觉到自己在吃橘子，那橘子便

① 一行禅师．故道白云。

不是真的了。如果橘子不是真的，那吃橘子的人都不是真实的了。这便是不专注地吃橘子。

思考：这篇短文对进行面谈有何启示？

3.3 意内言外[①]

什么是"意义"?

谈语言和意义,谈来谈去,有个重要问题还没有谈到:究竟什么是"意义"?这个问题很不容易谈好,可还是得试着谈谈。如果说"意义"是外界事物——包括各种对象,它们的特征和变化,它们的相互关系,以及这一切和说话的人的关系——在人的脑子里的反映,而这"意义"必须通过语言才能明确起来,这大概可以代表多数人的意见。问题在于,"意义"依赖语言到什么程度?有一种意见认为没有语言就没有"意义",这显然言过其实。只要看几个月的婴儿,不会说话,可是"懂事儿",也就是说,外界的某些事物在他脑子里是有意义的。又比如人们点点头、招招手,也都可以传达一定的意义。可见不是离开语言就没"意义"。可是如果说,某种语言里没有这个词,使用这种语言的人的脑子里就缺少与此相应的概念,这就有几分道理。比如汉语里的"伯伯、叔叔、舅舅、姑丈、姨丈"在英语里都叫作"uncle",是不是说英语的人的脑子里就没有"父亲的哥哥、父亲的弟弟、母亲的弟兄、姑妈的丈夫、姨妈的丈夫"这些意

---

① 吕叔湘:语文常谈。

义呢？当然不是这样。可是他们首先想到的是这些人都是uncle，只是在必要的时候才加以分辨。这就是说，只有与uncle相应的概念是鲜明的，而“男性的长一辈的亲属”这样的概念是模糊的，是要费点劲儿才能形成的。对于外界的事物，不同的语言常常作出不同的概括。我们总觉得外国话“古怪”“别扭”，就是这个缘故。

语言不可避免地要有概括作用或抽象作用。外界事物呈现出的无穷细节，都可以反映到人的脑子里来，可是语言没办法丝毫不漏地把它们全都表现出来，不可能不保留一部分、放弃一部分。比如现实世界的苹果有种种大小，种种颜色，种种形状，种种口味，语言里的“苹果”却只能概括所有苹果的共同属性，放弃各个苹果的特殊属性。概括之中还有概括，“水果”比“苹果”更概括，“食品”比“水果”更概括，“东西”比“食品”更概括。每一种语言都有一些这样的高度概括的字眼，如东西、事情、玩意儿、做、干、搞等。

单词是这样，语句也是这样。比如“布鞋”，这里有“布”的意义，这是字面本身的意义；还有“是一种鞋而不是一种布”的意义，这是靠字序这种语法手段来表示的意义；还有“用……做成的……”的意义，这是在概括的过程中被放弃了的那部分意义。像“谢幕”那样的字眼，就放弃了很多东西，只抓住两点，“谢”和“幕”。说是“放弃”，并不是不要，而是不明白说出来，只隐含在里边。比如“苹果”，并不指一种无一定大小、颜色、形状、口味的东西，同样的，“布鞋”“谢幕”也都隐含着某些不见于字面的意义。语言的表达意义，一部分是显示，一部分是暗示，有点儿像打仗，占据一点，控制一片。

暗示的意义，正因为只是暗示，所以有可能被推翻，也有可能被误会①。比如说到某一位作家，我说“我看过他三本小说”，暗含着是看完的，可要是接着说“都没有看完”，前一句暗示的意义就被推翻了。一位菜市场的售货员说过一个故事：“有一天，一位顾客来买辣椒，她问‘辣椒辣不辣？’我说：‘辣，买点儿吧。’她说：‘哎哟！我可不敢吃。’后来又来了一位顾客，问我辣不辣。我一看她指的是柿子椒，就说：‘这是柿子椒，不辣，您买点儿吧。’她说：‘辣椒不辣有什么吃头！’说完走了。”这是听话人误会说话人的意思，也就是错误地认为对方有某种暗示的意义。

……

以上讲的都还是语言本身的意义。我们说话的时候还常常有这种情形：有一部分意义是由语言传达的，还有一部分是由环境补充的。比如听见隔壁屋子里有人说“刀”，你就不知道这句话是什么意思：“这是刀”，或者“刀找着了”，或者“拿刀来”，或者“给你刀”，或者“小心刀”，或者别

---

① 游达裕在原文补充上去。

的什么……只有环境能够决定他是什么意思。

……

语言的地面上坎坷不平

总之，在人们的语言活动中出现的意义是很复杂的。有语言本身的意义，有环境给予语言的意义；在语言本身的意义之中，有字句显示的意义，有字句暗示的意义；在字句显示的意义之中，有单字、单词的意义，有语法结构的意义。这种种情况从前人们也都知道，所以才有“言不尽意”“意在言外”“求之于字里行间”这些话。

思考：这篇短文对理解沟通有何帮助？

3.4 春：有时候我不得不为自己活着[①]

春，40 岁左右，已婚，是生产部的一名清洁工。流星厂的女工已婚的很少，她们大多是厨师、清洁工或包装工，收入比车间里的未婚女工们低一些。春是一个很安静的人，因为她在工厂里地位最低，所以很少与人交谈。她之所以引起我的注意，是因为传说她是一个离家出走的女人。尽管春已在流星厂工作了将近两年，但是我每次见到她想和她打招呼的时候，她总是显得很害羞。经过几次尝试之后，她终于愿意开口讲话了。

春来自四川省的一个农村。四川省是中国人口大省之一，耕地严重缺乏。春有一儿一女，都已经上了初中。她的丈夫是个农民，现在家里的所有农活儿和家务都由他一个人承担。

“你怎么会离开你的丈夫和家庭的？谁来照顾你的孩子？”我问春，这是我曾经问过流星厂所有已婚女工的两个问题。

她回答说：“对我来说，工作和家庭之间没有太多冲突。我的孩子们都已经长大了，一个 16 岁，一个 13 岁，他们都会自己做饭了。而且我儿子读的是县城里的一所寄宿学校。”讲这些话的时候，春的脸上带着微笑，似乎在尽量将自己离

---

① 潘毅．中国女工——新兴打工阶级的呼唤。

家出走的故事说得轻描淡写。

我接着问她："那现在家里种地的人手够吗？所有农活儿都是你丈夫一个人干？"

春回答说："我们家土地不多，家里四口人，但只有两亩耕地，而且地都不太好。村里的地全都分完了。你们城里的女人是不会理解我们的处境的。我们村是个很穷的地方，不值得去。"接着，她又继续说："几年前，我丈夫曾经到西安打过几个月工，干建筑工地的活儿，结果却被骗了。工程结束了，可包工头却跑了，所以一分钱工资也没有拿到。那之后，他就不愿意去城里打工了。后来轮到我想出来打工，因为这件事我还和丈夫大吵了一架。他讨厌我这个想法，说像我这样结了婚又到了这把年纪的女人根本就找不到工作……可是我们家翻盖房子的时候欠了好几千块钱的债，我想尽快把债还清。"说着说着，春开始讲述起她的故事。

"我告诉他（丈夫），地是不会自己生出金蛋的，我们靠种地赚不到什么钱，一年到头才那么几百块钱。几百块钱有什么用呢？那样要等上很多年才能把债还清。但是，如果我出去打工，运气好的话，能在广东的外资工厂里找到活儿干，那我赚的钱就会比在农村多上10倍！"她用一种很自信的语调说。

"那你丈夫有没有生你气？"我对她的故事越来越感兴趣。

“噢，每次我一提要出去打工他就发脾气，为这件事我们吵了好几次。都怪自己嫁到了这样的人家，嫁给了这么没用的男人。”春一边抱怨，一边自己也忍不住笑起来。

“我告诉他，我已经靠了他们家20多年，现在应该让我自己来养活自己了。我也想尽份力，打工赚钱给这个家。”

20世纪70年代末，当中国农村的改革刚刚开始的时候，春出嫁到了夫家所在的村子。在她结婚后，生产队解体，开始实行家庭联产承包责任制，分田到户。根据春的回忆，80年代是农村生活的黄金时期。在政府还愿意以高价收购农产品的时候，农户曾经一度富裕起来（Oil，1989）[①]。但是到了90年代，农村生活再次陷入停滞状态，就业不足和失业成为广大农村地区普遍存在的一个严重问题。春所在的村子里，外出打工已经成为一种潮流，年轻女性都非常渴望离开村子到城市里去开拓生活。而春却和其他已婚女性一样，被婚姻牢牢地束缚在家庭之中。春婚后一年生下了一个儿子，三年后又生下了一个女儿。接下来的那些年，她整个人被家庭责任牢牢绑住。她没有机会离开村子，只能看着那些年轻的女孩子们去了又回，回了又去。春从来不知道自由是什么滋味，她也从来没有为自己、为自己的家庭赚过一分钱。

“我告诉自己：等孩子们长大再说吧。我一等又是15年。

---

① 1985年，中央政府改变了统购统销制度，这意味着政府不再以比市场价格相对较高并且较稳定的优惠价格从农民那里收购粮食。

有一天，我做了个决定——去广东打工。我知道以我这把年龄已经太迟了。但是如果我不这样做，那我这辈子就再也不会有机会了。于是我给孩子们的爸爸留了封信，招呼也没打就走了。”春说着，似乎已经完全沉浸在回忆之中。

春在信中告诉丈夫她春节的时候会回家，而且会给家里带钱回去。“离开家的时候，我很兴奋，但也很害怕。那是我第一次离开村子。”春到了广东，经过一个同乡的介绍，她终于在流星厂找到了工作。

春总是强调自己作为一个已婚女人能够找到工作很幸运。“你知道，所有工厂都只招年轻未婚的女孩子。像我这把年纪的女人几乎没有任何工作机会，能做清洁工我已经很知足。清洁工的地位虽然低，但我才不在乎呢！我一个月能赚500块钱，在农村这可是相当于半年的收入啊。”在我们谈话的时候春正在为是不是回家而进行思想斗争。她已经在流星厂工作了两年，她太想念丈夫和孩子了，简直想马上放弃工作回家。“这两年我已经存了几千块钱，现在终于可以把债还清了。我还想买些新衣服给我儿子、女儿，还有孩子们的爸爸。”春说着，脸上泛起充满自豪的微笑。

春向我们讲述了一个中年已婚女性努力摆脱中国农村夫权制家庭生活的束缚，争取为自己而生活的个人经历。未经丈夫允许，春孤身一人跑到广东打工，她的行动是对中国夫权制关系以及性别不平等的公然挑战。然而对于中国农村女性来说，家庭生活中的反抗与支配关系，绝不能简单地一分为二。仔细研究春的抗争史会发现，除了想获得独立和自己应该拥有的权利之外，她还想为家庭还债，为家庭经济作贡献。作为一名已婚女性，春外出打工的最终愿望是在过年的时候可以为丈夫和孩子买几套新衣服。春离家外出打工的欲望可能是她对家庭依恋的另一种异化，它为春的身份认同提供了原始的“归宿”。反抗与支配之间错综复杂的关系表明，有必要将女性的抗争以及打工的欲望作为中国转型中结构性因素的一部分，从更加广阔的社会关系背景中去进行理解。

Oil, Jean. State and Presant in Contemporary China: The Political Economy of Village Government. Berkeley: University of California Press, 1989.

思考：这篇短文对了解案主的需要有何帮助？

3.5　一件被欺骗的事情[①]

读书的时候，学习过关于社会工作价值观的理论知识，知道要相信自己的服务对象，所以一直以来，我都对服务对象百分之百地信任与尊重。那是一个新会的病友，他很年轻，只有28岁，由于车祸致残。在残联的资助下，到我院进行一个康复疗程。在他入院以前，我就与他取得了联系，了解他的家庭情况以及入院的日期。他向社工表达他面对很大的经济困难，连吃饭的钱都没有了，他的家人如何狠心地不理他等情况。我发现这个病人难以支付住院期间全部的伙食费，于是我就跟院方的领导商量，把他的伙食费用减半。当我与他沟通的时候，他非常开心，觉得能减免一半已经是很大的支持，他也承诺自己能够向家人拿到一半的伙食费用。然而，当这位病人入院一周左右，我发现他喜欢抽烟，也有喝酒的习惯，每天都要喝一瓶酒、抽半包烟。社工跟他交谈的时候，小心翼翼地提醒他要好好接受治疗，也要记住自己的承诺——支付一半的伙食费。当时他也充满真诚地对社工表示一定会支付的。

当他一个疗程结束的时候，我们的财务员走到我的办公室，投诉这名病人没有如期支付一半的伙食费。我有点疑惑，

① 梁健玲：实践　成长　反思。

走到他的病房，问他是不是出现了什么问题，旁边病床的病友气愤地告诉我，说他把钱都用在抽烟和喝酒上了，把借回来的钱都用掉了。我开始并不相信，后来从这名年轻的病友处得到了答案。当时我真的很生气，觉得自己被骗了，但是我没有表现出来，只是望着这名病人。他感觉到了我的失望，小声地说："梁姑娘，你放心，我出院以后会去凑钱，等我凑到了伙食费以后会立刻还给医院。"当时我还傻傻地以为这位病人真的如他的承诺一样会支付伙食费，但这位病友离开医院一年多了，依然没见踪影。

我也开始反思自己的工作方法。我觉得对病人的信任是正确的，比较遗憾的是我没有与这位病人的家庭取得联系以了解他出现这种行为背后的原因，没有实实在在地帮到他，让他自己改变。

思考：这篇短文对学习辅导技巧有何帮助？

3.6 重读高刘宝慈之“行为治疗法”有感[①]

“行为治疗法”是《个人工作与家庭治疗——理论及案例》（朱亮基与高刘宝慈合编，中文大学出版社）书内的一章，该书第一版在1997年发行，2003年为第三次印刷（第四章“危机介入”经修订）。

很久以前曾读过这本书，印象不深，最近重读，“行为治疗法”一章触发起我的一些反思，愿与同工分享。首先申明一点，这篇读后感无意批评作者，只希望能就事论事，如果可以引起同工对一些议题的关注，余愿已足矣。

这篇文章仔细论及行为治疗法的源起、发展、应用和限制等，然而这些非本文的讨论焦点，我所关注的是作者所举的应用例子——华人社会的应用（64~71页）。

书中例子举出一名中度智障的庇护工场工友（阿标）因最近一年在工场表现“愈来愈坏，导师经常投诉他在工场内突然大声叫喊，不时又伏案小睡，加上生产力差劲，便把他转介给工场的社会工作员。”（65页）

社工了解情况后，与工场导师、阿标的母亲和其他家人定下一连串严谨的“行为治疗”程序，先处理阿标在工场“最滋扰性的不理想行为——大声呼叫”（67页），然后改善他与家人

① 游达裕：重读高刘宝慈之“行为治疗法”有感。

的关系，包括：减少与母亲的争吵、减少打扰弟弟温习功课等。

治疗的早期，阿标父兄的参与并不积极，工作员“运用传统治疗法，探索和宣泄家人对阿标的感受；随着使用认知性的行为治疗程序，改善母亲在家里对待阿标无理吵闹的方法，同时也取得态度较为中立的弟弟的合作”。（71 页）

当然，这个个案是取得“美满的成果”：“阿标在庇护工场和家庭的表现持续良好，整个疗程在四个半月之后便完成了。一年之后，阿标在一间工厂找到一份较符合自己兴趣的工作，正式融入正常人士的生产行列。”（71 页）

我尝试从另一个角度再阅读这个应用例子，以“阿标”作为主体，看看所呈现的是怎样的景象。

首先，我关注阿标以下两个重要的需要（65 页）：

1. 阿标表示庇护工场只能提供简单的装嵌工作，每天朝九晚五做着重复的工序，使他觉得甚为沉闷，他希望尽早可以到外面的工厂找份较有兴趣的工作。

2. 他最喜爱收听粤语流行音乐，若储够工钱，他都会用来购买盒式录音带。他最大的希望是可以拥有一部耳筒式 walkman 收录机。

很可惜，阿标这些听流行音乐的喜好（更包括他喜欢的明星小相片、甫士咭和海报等）竟成为制约他自己行为的“增强物”！而四个半月的介入，竟完全没有提及如何改善阿标的工作环境（他在工场感到沉闷），或协助他到外面找份较有兴趣的工作（只是最后寥寥数语，提及一年后他找到份较符合自己兴趣的工作）。在工场的滋扰性行为（大声叫喊）只是因为工作重复、沉闷而宣泄出来的情绪表现而已，却成为要处理的行为目标——那介入的目的自然要减少这种滋扰性行为！

这个个案的当事人就是阿标，这是谁也不能否认的。尽管阿标是中度智障，有时不能有效表达自己的需要，或未必懂得与周围的人士磋商协调，但他对外在环境仍有强烈感觉和渴求（希望找份更感兴趣的工作、喜欢听流行音乐），这是否应该受到基本的尊重呢？

我尝试投入阿标的角色，再三读遍这应用“行为治疗程序”的几个段落，发现心底一凉，感到很凄然酸涩——所谓社工的行为治疗，只是对阿标加上重重枷锁，迫使他在这些环境、压力和赏罚下就范，满足工场和家人对他的要求，而他的需要却不会受到理会和关注（不知道其他读者是否有同感，我亦鼓励大家从阿标的角度再读这章节一遍）！

当年在大学修读社工时，一位教授曾这样严正地告诫我们：“社工的服务对象都是社会上的困难群体，经常受到欺压，尽管社工实务不一定能够帮助他们，但绝不能为他们再添上伤害，这就是最基本的 Do No Harm Principle。”

谨以此为鉴！

思考：这篇短文对社工实务有何启示？

四、进阶阅读

1. 高刘宝慈，区泽光．个案工作：理论及案例［M］．香港：中文大学出版社，2001.

2. 宋丽玉，曾华源，施教裕，郑丽珍．社会工作理论——处遇模式与案例分析［M］．台湾：洪叶文化，2006.

3. 杨家正，游达裕，梁玉麒．解困之道：寻解面谈应用手册及个案汇编［M］．香港：香港大学出版社，2001.

4. 一行禅师．橘子禅［M］．方怡蓉，译．台湾：橡实文化，2006.

5. Hepworth, D. and Larsen, J. A. Direct Social Work Practice. Calif.: Thomson, 2006.

6. Nichols, P. M. The Lost Art of Listening. New York: Guilford Press, 1995.

7. Reid, W. J. and Epstein, L. Task - centered Casework. New York: Columbia University Press, 1972.

8. Sheafor, B. W. and Horejsi, C. R. Social Work Practice: Techniques and Guidelines. New York: Pearson, 2005.

9. Woods, M. E. and Hollis, F. Casework: A Psychosocial Therapy. New York: McGraw - Hill, 1990.